RÉPONSE

AU COMPTE-RENDU

DE SON AMBASSADE

PAR

LA PRÉTENDUE DÉPUTATION

De la Garde nationale d'Aurillac.

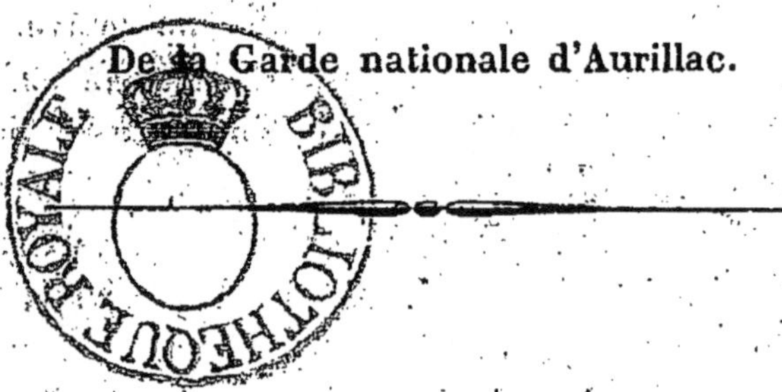

CHERS CAMARADES ET FRÈRES D'ARMES,

ON vous trompe par des récits *inexacts*, pour nous servir de l'expression *convenable* ; nous allons vous dire la vérité, toute la vérité.

Vous savez que le passage du Prince à Saint-Flour ayant été annoncé, M. le Maire de la ville d'Aurillac écrivit aux Commandans de la Garde Nationale, pour exprimer le désir qu'un détachement se rendit à Saint-Flour ; que la lettre fut communiquée aux Officiers réunis à l'hôtel-de-ville, après une autre communication relative aux Polonais, et fut mise à l'ordre sans qu'elle ait été lue aux compagnies ;

Et il en fut cependant question, mais pour empêcher de partir ceux qui seraient disposés à faire le voyage : *Chacun est libre d'y aller*, disait-on, *mais, pour moi, je ne pars pas.*

Et il n'en fut plus question pendant près de vingt jours ;

Et cependant plusieurs de vos camarades, officiers, sous-officiers et soldats étaient bien décidés à se rendre à Saint-Flour ; et comme un voyage de six jours obligeait certains Gardes Nationaux peu aisés, mais d'ailleurs de bonne volonté, à des sacrifices qu'ils ne pouvaient pas supporter, il fut ouvert une souscription en faveur de ces bons et braves Camarades, souscription qui, dans un quart-d'heure, produisit une somme assez considérable ;

Et quand d'autres, qui ne voulaient point partir, virent cette détermination, ils songèrent à la contrarier et surtout à s'en emparer ;

Et MM. les Officiers de la Garde Nationale furent de nouveau convoqués à l'hôtel-de-ville, où chacun parut alors de la meilleure volonté du monde pour aller à Saint-Flour ;

Et M. de Métivier, commandant, proposa une adresse de félicitation au Prince ;

Et l'on s'y opposa, parce que, suivant l'un des opposans, *le silence du peuple est la leçon des rois* ;

Et ayant passé aux voix, la majorité fut pour une adresse ; trois commissaires furent nommés pour la rédiger ;

Et l'adresse ayant été ainsi votée par MM. les Officiers

à la majorité des voix, on proposa de faire nommer trois personnes par compagnie pour discuter l'adresse, *à l'exclusion des officiers qui l'auraient votée* ;

Et ce petit manège fut employé pour exclure les officiers qui, ayant voté l'adresse malgré l'opposition, annonçaient par leur vote qu'ils en voulaient une de convenable et de respectueuse ;

Et cette proposition singulière fut mise aux voix et adoptée, parce qu'un grand nombre d'officiers, croyant tout fini, s'étaient retirés ;

Et le soir du même jour, les compagnies furent convoquées pour nommer leurs commissaires *chargés de discuter l'adresse* ;

Et le lendemain matin ces commissaires se réunirent à l'hôtel-de-ville ;

Et M. le Maire, informé sans doute de ces diverses manœuvres, écrivit à M. le Commandant de Métivier, pour lui rappeler ainsi qu'à la Garde Nationale, qu'il ne s'agissait, pour lui et pour elle, que d'organiser le *détachement qui devait aller au-devant du Prince* ;

Et la lecture de cette lettre ayant été réclamée, une vive opposition l'empêcha, en disant qu'il fallait s'occuper avant tout de l'adresse ;

Et cependant, lecture en ayant été faite entre les trois commissaires de l'adresse, et à part, il fut convenu que la lettre serait communiquée à MM. les Gardes Nationaux réunis ;

Et cette communication ayant été faite, plusieurs des Gardes Nationaux se retirèrent, ne croyant pas avoir le droit de délibérer malgré la défense du Maire ;

Et M. le Commandant, ainsi que les autres commissaires, pensèrent différemment, et délibérèrent l'adresse que vous connaissez ;

Et cette adresse fut colportée partout ; elle fut signée par la plupart sans qu'on leur donnât le temps de la lire ; un grand nombre d'autres signaient de confiance les feuilles de papier qu'on leur présentait, quoiqu'elles ne continssent pas l'adresse, et seulement parce qu'elles étaient déjà revêtues de quelques signatures au moment où on les leur présentait ;

Et les Commissaires pour la rédaction de l'adresse seulement, se sont donnés à eux-mêmes le mandat de la porter ; ils se sont constitués députés de la Garde Nationale, qui ne les avait nommés que pour discuter l'adresse ;

Et quand ils eurent fait cette adresse, et que, de leur autorité et au mépris de vos droits, ils se fûrent donné le mandat que vous ne leur aviez pas donné, ils ne voulurent plus de *détachement* de la Garde Nationale ; ils voulaient paraître seuls devant le Prince, et lui laisser croire que leur adresse contenait les vœux de toute la Garde Nationale ;

Et cependant les Gardes Nationaux de bonne volonté, qui voudraient se rendre à Saint-Flour, furent convoqués le matin, jour du départ, sur la promenade ;

Et là, plusieurs choses extraordinaires se passèrent ; un capitaine se permit de dire *qu'il ferait sortir des rangs ceux qui n'avaient pas signé l'adresse*. On fit ensuite mettre en ligne les Gardes Nationaux de bonne volonté, qui étaient assez nombreux ; mais on s'arrêta au premier bataillon, et on n'appela personne du second. Un Officier des pompiers, s'adressant au Commandant, vint lui exposer que les pompiers présens étaient très-disposés à partir, mais que

plusieurs auraient besoin de secours pécuniaires , et il de-
manda qui les leur donnerait? — Mais , ajoute un autre
Officier, on assure qu'il y a une souscription faite , il ne
s'agit que de la continuer ; — Volontiers, dit M. de Métivier, continuons cette souscription ; — Oui , répond un
des soussignés , il y a une souscription, mais elle n'est
point destinée aux signataires de l'adresse ;

Et après ce colloque , M. le Commandant renvoie pure-
ment et simplement tout le monde, en disant que ceux qui
voudraient partir, n'avaient qu'à se trouver sur la promenade, à deux heures de l'après-dînée, en uniforme et en
armes.

Et il rentre chez lui pour écrire une lettre à l'un de
MM. les Adjudans-majors , et lui annoncer *qu'il n'y aurait
pas de détachement ;*

Et pour empêcher ce détachement de se former , et
pour que la prétendue députation pût partir seule, on em-
ploie toute espèce de manœuvres ; on arrange une petite
émeute ; on fait baffouer , on fait huer par quelques indi-
vidus les Gardes Nationaux qui se rendent sur la promenade à l'heure du départ; on les intimide , on les menace
au point que plusieurs n'osent se présenter , que d'autres
se retirent, et qu'il en est qui furent obligés de prendre un
chemin détourné pour se joindre à leurs camarades ; et
tout cela se passait en présence du Commandant de Métivier, qui était là , qui voyait tout, qui entendait tout , et
qui laissait tout faire ;

Et le détachement ainsi réduit partit, poursuivi par les
clameurs de ceux qui sans doute étaient désolés de n'avoir
pu obtenir le matin leur part de la souscription faite ;

Et M. le Commandant se donna la peine d'aller lui-même jusqu'à la barrière pour arrêter un grenadier qui allait joindre le détachement, à cent pas de distance ;

Et M. le Commandant prétendait qu'on désobéissait à ses ordres, lui qui disait *oui* le matin, qui disait *non* le soir, et qui, malgré les injonctions contraires de M. le Maire, avait fait délibérer une adresse, et s'était constitué lui-même député pour la porter au Prince ;

Et les prétendus députés partirent le lendemain au nombre d'une trentaine, dont quinze, c'est-à-dire la moitié, n'avaient pas même été élus pour discuter l'adresse ; de sorte qu'ils se sont faits eux-mêmes commissaires et députés ;

Et en arrivant à Saint-Flour ils trouvèrent près de la ville un détachement de la garde nationale, qui les laissa passer, en leur disant qu'ils étaient là à attendre un autre détachement ;

Et en effet, un moment plus tard arrivèrent les détachemens de la garde nationale d'Aurillac, Murat et Allanche, réunis, qui furent complimentés par M. *Dessauret*, capitaine des grenadiers de la ville de Saint-Flour, et tous ces détachemens entrèrent dans la ville, tambours et musique en tête ;

Et ces détachemens furent au-devant du Prince qui arriva le même jour ; ils furent passés en revue par le Prince, devant qui ils défilèrent ensuite, aux cris mille fois répétés par eux, par la garde nationale de Saint-Flour, par l'immense population accourue de toutes parts, de *vive le Roi! vive le duc d'Orléans! vive la liberté!*

Et il est vrai que la prétendue députation, jouant à la revue un bien triste rôle, voulut défiler devant le Prince, et défiler d'une manière remarquable et qui fut en effet remarquée, sans mêler ses acclamations aux acclamations générales, dans un silence *respectueux* et *convenable*, comme elle dit, et sans doute pour faire sentir au Prince *que le silence des peuples est la leçon des rois;* mais comme il n'y avait là de silencieux que la prétendue députation, vous croirez avec nous que la leçon n'a pas été pour le Prince ;

Et après la revue, le Prince reçut les nombreuses autorités du département, qui venaient lui présenter leurs félicitations et leurs vœux ;

Et les officiers du détachement, qui savaient que la garde nationale est placée sous l'autorité du Maire, avaient prévenu M. le Maire d'Aurillac, soit avant leur départ pour Saint-Flour, soit à Saint-Flour, qu'ils se présenteraient avec lui devant le Prince ;

Et quand M. le Maire d'Aurillac fut appelé, M. le Maire, M. Grognier, son adjoint, et les officiers du détachement entrèrent ensemble et furent introduits ensemble devant le Prince ;

Et M. le Maire ayant lu son discours, auquel le Prince répondit de la manière la plus flatteuse pour les habitans d'Aurillac, le Prince se tourna vers le capitaine des grenadiers, qui lui annonça être porteur d'une adresse d'un grand nombre de citoyens d'Aurillac ;

Et le prince, qui parut croire un moment que le capitaine allait lui donner lecture *de toute autre adresse*, se montra disposé à ne pas entendre cette lecture ; mais le capitaine s'apercevant de la méprise du Prince, prit la liberté de lui dire de vive voix les sentimens, les vœux et les félicitations exprimés dans l'adresse dont il était porteur; et le Prince l'écouta; et prenant alors l'adresse, il remercia le Capitaine en termes honorables pour les signataires et pour lui ;

Et comme la députation se retirait, M. le général Baudrand invita M. le Maire et M. le Capitaine à l'honneur de dîner avec son Altesse royale ;

Et la prétendue députation de la garde nationale s'étant ensuite présentée devant le Prince, elle fut congédiée par son Altesse royale, qui ne voulut point recevoir une adresse imprimée d'avance, où l'on traitait de choses que la garde nationale ne doit pas discuter, et que lui, comme Prince, ne pouvait discuter avec elle ;

Et cette réception, le silence *respectueux* et *convenable* de la députation, firent à Saint-Flour une impression que MM. les prétendus députés ont pu connaître ;

Et le soir, après le dîner, le Prince qui, peut-être dans sa bonté, voulait réparer une méprise, daigna aborder le Capitaine des grenadiers, et lui rendre compte de l'audience qu'il avait donnée à la prétendue députation, et du résultat de cette audience. Sans excuser l'adresse qu'il ne connaissait point, le Capitaine crut pouvoir répondre au Prince des bons sentimens de la garde nationale d'Aurillac ;

Et après le dîner il y eut un bal donné au Prince, auquel assistèrent les officiers du détachement ;

Et il est vrai que M. le Maire de la ville d'Aurillac, ainsi que le Commandant de la garde nationale, parlèrent au Prince pour détruire l'impression fâcheuse que les événemens de la journée avaient pu produire ; et M. le général Marbot fit à cet égard une observation énergique entendue de beaucoup de monde ;

Et le lendemain matin , la prétendue députation partit de Saint-Flour ;

Et les officiers du détachement, invités au dîner que leurs braves camarades de Saint-Flour donnaient à tous les officiers des divers détachemens qui s'étaient rendus dans leur ville, assistaient à cette fête où présidaient l'union la plus sincère, la cordialité la plus franche ; où les toasts les plus patriotiques, les plus français, furent portés avec enthousiasme ;

Et le détachement , quelque peu nombreux qu'il fût par suite de ce que nous avons déjà raconté , a été accueilli partout dans sa route , et particulièrement par leurs frères d'armes des villes de Saint-Flour et de Murat , avec une franchise et une cordialité dont nous sommes bien aises de leur témoigner ici notre reconnaissance ;

Et ceux qui composaient ce détachement, officiers , sous-officiers , gardes nationaux , avaient résolu de garder le silence sur le voyage , pour ne rien dire qui pût être, entre des camarades , un sujet de collision , lorsque vingt-sept membres de la prétendue députation ont publié un *compte-rendu* dans lequel se trouvent des inexactitudes et des choses peu convenantes envers des frères d'armes ;

Et ce *compte-rendu* , signé par 27 membres , contient la signature de 15 personnes qui n'avaient pas même été nommées pour discuter l'adresse ; de sorte que ces Messieurs se sont faits vos députés , quoique vous ne les eussiez nommés pour rien ;

Et l'on se permet de dire à vos camarades , à des frères d'armes , que le détachement *était composé de fidèles à cinq francs par jour , et de dévoués , un placet à la main ;* de sorte que M. le Commandant et des Officiers ne craignent pas de parler ainsi de gardes nationaux qui sont ou sous leurs ordres ou dans leurs rangs ; de les insulter en parlant de *fidèles à cinq francs par jour*, eux qui , le matin du départ pour Saint-Flour , demandaient pour ceux qu'ils trompent et dirigent , à prendre part à la souscription dont nous avons parlé ;

Et ils ajoutent , avec le même esprit de convenance , que le détachement *était accompagné de cinq Officiers qui sont sous l'influence de M. le Préfet, soit par leurs places, soit par leurs alentours* , lorsqu'il y avait huit officiers au lieu de cinq ; et que ces huit officiers , bien connus par leur dévouement aux libertés de leur pays , à l'ordre et aux lois , n'ont d'autre tort que de ne pas vouloir se soumettre à des influences pernicieuses , pour conserver leur indépendance et se rendre dignes , en se respectant et respectant leurs camarades , de la confiance qu'ils ont méritée d'eux ;

Et ils ajoutent encore que , sur la route , ils ont reconnu le détachement *au ridicule qu'il se donnait, aux propos absurdes et aux calomnies qu'il débitait sur leur compte ;* tandis que partout, à Murat comme à Saint-Flour, le détachement a été accueilli par les gardes nationales de ces villes ; tandis que, jusqu'à Murat, le détachement avait ignoré le voyage de la prétendue députation , et que dèslors il était impossible qu'il débitât sur son compte *des propos absurdes et des calomnies ;*

Et ils disent aussi qué M. le Maire , *honteux pour cette escouade égarée, de son isolement , a obtenu qu'elle fût fondue dans les rangs de la garde nationale de cette ville ;*

Et cependant, *cette escouade égarée* (car c'est ainsi qu'on vous traite, Camarades , quand vous croyez devoir obéir aux invitations de votre Maire), cette escouade égarée à seule été reconnue comme détachement de la garde nationale de la ville d'Aurillac, détachement qui aurait mieux honoré sans doute ses frères d'armes, sans les manœuvres que vous connaissez ; ce détachement donc était réuni au détachement de la ville de Murat avant même l'arrivée de M. le Maire. Nos camarades de Murat et leur digne Commandant étaient venus en armes à son devant et avaient déjà fraternisé avec lui ; et non seulement celui d'Aurillac, mais celui d'Allanche se réunirent à leurs frères d'armes de Murat et partirent ensemble pour Saint-Flour. M. le Maire étant à Murat, applaudit à cette réunion, en parla même, à ce qu'il paraît, et à notre insçu, à M. le Commandant de Murat : mais la chose était déjà faite ;

Et l'on cherche à vous tromper, Camarades, quand on ajoute dans ce compte-rendu, en parlant de quelques paroles provocatrices que la prétendue députation aurait essuyées avant d'arriver à Saint-Flour, que le Commandant de la garde nationale de Murat et les Officiers avaient rejeté tout le blâme sur les hommes d'Aurillac intercallés dans leurs rangs. Ni le Commandant ni MM. les Officiers de Murat n'ont dit ni pu dire pareille chose.

Et le *compte-rendu*, après avoir parlé de l'audience du Prince, comme il convient au bon plaisir des rédacteurs de le faire, et différemment qu'on en parlait à Saint-Flour et qu'on en parle dans certains journaux, se permet hardiment d'ajouter, « Que M. le Maire a profité de l'occasion « que lui fournissait la présence du Prince au bal pour lui « déclarer *que la seule députation de la garde nationale* « *était celle qui était présidée par le Commandant, et que* « *les Officiers à la tête desquels se trouvait un Capitaine de*

« *grenadiers, se disant mandataires des citoyens d'Au-*
« *rillac, s'étaient introduits furtivement à sa suite et sans*
« *son consentement.* »

De sorte qu'il n'est personne qui, en lisant ce passage, n'ait dû croire qu'en effet le détachement qui accompagnait M. le Maire s'est introduit *furtivement* auprès du Prince; que le capitaine des grenadiers qui était porteur d'une adresse au Prince s'est introduit *furtivement;* que le Prince a témoigné tant de bonté à un officier qui se serait permis de s'introduire *furtivement* auprès de lui. Eh bien ! Camarades, soit d'Aurillac, soit du département, apprenez ce dont on est capable dans certains *comptes-rendus;* lisez la lettre suivante de M. le Maire de la ville d'Aurillac.

Aurillac, le 9 juillet 1832.

LE MAIRE D'AURILLAC, etc.

*A MM. Violle, Grassal, Lacaze, Casses, Garnier, Alary,
Raboisson, officiers de la garde nationale.*

MESSIEURS,

Par votre lettre du 7 juillet, vous me demandez :
« Est-il vrai qu'arrivé à Murat, M. le Maire, honteux
« pour cette escouade égarée de son isolement, a obtenu
« qu'elle fut fondue dans les rangs de la garde nationale
« de cette ville ?

Oui, le fait est vrai quant au fonds, et non quant à la forme. Il est vrai qu'après avoir fait de vains efforts pour opérer un rapprochement, j'appliquai tous mes soins à pouvoir incorporer notre faible détachement dans celui de la ville de Murat; pour y parvenir, j'eus à lutter contre les instigations de quelques brouillons, et il y en avait ce jour-là à Murat, qui portaient les gardes nationaux de cette ville à ne pas recevoir dans leurs rangs ceux venus d'Aurillac (1). Leurs efforts échouèrent devant la persévérante obligeance de M. le commandant Theillard et de ses officiers ; le départ s'effectua, et le trajet se fit dans la meilleure intelligence.

Je n'exprimai d'ailleurs en aucun temps les sentimens inconvenans que l'on m'attribue au sujet de ce détachement.

Vous me demandez aussi : « Est-il vrai que le Maire ait « profité de l'occasion que lui fournissait la présence du « Prince au bal pour lui déclarer que la seule députation « de la garde nationale était celle présidée par le comman- « dant, et que les officiers à la tête desquels se trouvait un « capitaine de grenadiers, s'étaient introduits furtivement « à sa suite et sans son consentement ?

Voici ce que j'ai dit : « Avec moi, Monseigneur, ne s'est « présenté qu'un petit nombre d'officiers de la garde na- « tionale, tandis qu'il en est venu un plus grand nombre « ayant à leur tête le commandant ; j'aurais désiré vous « présenter cette députation. Veuillez croire, Prince, que « la garde nationale d'Aurillac fut jusqu'à ce jour unie , « qu'elle le serait au jour du danger , et je ne doute pas « que le pays ne trouvât alors de vaillans défenseurs dans « ses rangs ; à leur tête serait assurément le commandant.»

On ne peut rapporter mot pour mot de pareilles conver- sations, mais tel en fut le sens exact ; *ces idées et non d'au- tres* furent exprimées par moi ; elles seules étaient confor-

---

(1) M. le Maire semble ici avoir ignoré que même avant son arrivée à Murat, il avait été convenu que les deux détachemens d'Aurillac et de Murat seraient réunis. Il est vrai toutefois que des ʙʀᴏᴜɪʟʟᴏɴs voulaient rompre cet accord, et que M. le Maire s'employa pour faire échouer leurs efforts.

mes à mes projets de pacification , conformes en un mot
aux sentimens de bienveillance que je devais à tous les
gardes nationaux , mes concitoyens , qui se trouvaient à
Saint-Flour.

J'eus un moment l'espoir de marcher avec eux tous :
mais , par ce que je vis et me fut dit, je jugeai plus tard
que mon projet pourrait donner lieu à des collisions d'au-
tant plus fâcheuses qu'elles pourraient se manifester sous
les yeux du Prince. Nous nous y rendîmes dès-lors seuls ,
mon collègue et moi ; ce n'est que dans l'hôtel, il vous en
souvient, Messieurs , que nous vous rencontrâmes ; vous
voulûtes me charger d'une adresse dont vous étiez por-
teurs : je vous engageai à la présenter vous-mêmes, puisque vous en aviez reçu le mandat (1).

Il n'y eut de votre part aucune usurpation , comme on
s'est plu à vous en accuser ; vous ne vous fîtes point vous-
mêmes les organes de la garde nationale , mais bien d'une
réunion respectable de citoyens dont je ne vis en vous que
les honorables interprètes ; et je repousse comme fausses
ou complettement erronnées les expressions irritantes que
l'on m'attribue ; elles eussent été en contradiction mani-
feste avec les intentions qui m'avaient fait entreprendre
ou qui m'avaient accompagné dans tout ce voyage. Si je
ne pouvais réunir tous mes concitoyens sous la même
bannière , ce qui eût tenté au plus haut point mon ambi-
tion , j'espérais au moins, en excitant le sentiment de notre propre intérêt, pouvoir cacher aux étrangers le triste
spectacle de nos divisions intestines.

---

(1) Il y a ici défaut de mémoire. Jamais il n'a été proposé à M. le
Maire de présenter cette adresse, puisque au contraire M. le Maire fut
invité par le capitaine qui en était le porteur, de vouloir bien, après
son discours au Prince et la réponse, prévenir son Altesse royale de la
mission du capitaine.

Je vous autorise à faire de ma lettre l'usage qu'il vous plaira, et j'ai l'honneur d'être, etc.

H. ESQUIROU PARIEU.

Et nous terminons ici notre réponse, car toutes réflexions seraient maintenant inutiles. Vous pouvez juger par vous-mêmes, Camarades, si l'on vous dit la vérité ; vous pouvez décider qui, sans en avoir le mandat et sans le prendre, ou en le prenant, aurait pu compromettre la dignité de la garde nationale d'Aurillac. Pour nous, qui jamais n'avons voulu nous séparer d'aucun de nos frères d'armes ; pour nous, qui tenons aussi fortement que personne au nouvel ordre politique établi en France, qui savons obéir aux lois parce que nous les respectons, à nos magistrats parce qu'ils sont les organes des lois, qui ne prenons pas sous notre bonnet une mission que nous n'avons pas reçue ; qui ne disons pas *oui* aujourd'hui, *non* demain, parce que nous réfléchissons avant de résoudre ; pour nous, chers Camarades, vous nous trouverez toujours des constans amis et des frères d'armes dévoués.

VIOLLE, avocat, *Capitaine de grenadiers.* — LACAZE, *architecte, Capitaine de chasseurs.* — GRASSAL, *chirurgien-major en retraite, chevalier de la légion d'honneur.* — FONTÈTE, *greffier, Lieutenant de grenadiers.* — RABOISSON, *avoué, Lieutenant de voltigeurs.* — GARNIER, *banquier, lieutenant de chasseurs.* — CASSES, *géomètre en chef du cadastre, sous-lieutenant de chasseurs.* — ALARY, *notaire, porte-drapeau, officier-rapporteur.*

AURILLAC, DE L'IMPRIMERIE DE VIALLANES.